L'inventaire des miracles

«Poésie»

Planète rebelle

Fondée en 1997 par André Lemelin,
dirigée par Marie-Fleurette Beaudoin depuis 2002
7537, rue Saint-Denis, Montréal (Québec) H2R 2E7 CANADA
Téléphone: 514. 278-7375 – Télécopieur: 514. 270-5397
Adresse électronique: info@planeterebelle.qc.ca
www.planeterebelle.qc.ca

Révision: Janou Gagnon
Correction d'épreuves: Carmen Desmeules
Conception de la couverture: Marie-Eve Nadeau
Mise en pages: Marie-Eve Nadeau
Impression: Transcontinental Métrolitho

Les éditions Planète rebelle remercient le Conseil des Arts du Canada de l'aide accordée à leur programme de publication, ainsi que la Société de développement des entreprises culturelles du Québec (SODEC) et le «Gouvernement du Québec – Programme de crédit d'impôt pour l'édition de livres – Gestion SODEC». Planète rebelle remercie également le ministère du Patrimoine canadien du soutien financier octroyé dans le cadre de son «Programme d'aide au développement de l'industrie de l'édition (PADIÉ)».

Distribution en librairie:
Diffusion Prologue, 1650, boul. Lionel-Bertrand
Boisbriand (Québec) J7H 1N7 CANADA
Téléphone: 450. 434-0306 – Télécopieur: 450. 434-2627
www.prologue.ca

Dépôt légal: 3e trimestre 2009
Bibliothèque et Archives nationales du Québec
Bibliothèque et Archives Canada
ISBN: 978-2-922528-97-8

Christian Vézina

L'inventaire des miracles

RECUEIL AVEC CD INCLUS

Planète rebelle

Table des matières

Fragments de verre poli

Des bouts de l'île

Madeleines d'été

Cap Véranda

Fenil

Bestiaire du troisième type

Secondes bissextiles

Examine ce qu'est le temps
La bernache va se poser
Ses ailes coupent le vent comme le fil à beurre
À cet instant vague précis
Ce qu'est le temps

Le fracas se sublime en bulles de silence
Arborescence blanche
Écume
Corail instantané

Ici
Sur le dos des rivières
Glisse une eau de printemps
Le soleil est dedans
Des oiseaux aveuglants
S'ébattent et disparus réapparaissent encore
C'est un remous de scintillements
Qui capture mon œil
Distrait la rivière
Ralentit le temps
J'en suis là
Enfin
Ici

Le geste de la main lentement qui s'endort
Mime un fruit mûr qui se flétrit
Puis s'enlise en l'humus
Et le rêve l'avale

Pelé par la fatigue jusqu'au noyau confus
Recouvert de tympans, de peaux et de rétines
Frotté tantôt de paumes ponces
Pour un sou de sommeil
Disparu

Plus là que seul
Lune au zénith
Ma fontanelle s'ouvre
Je respire profond d'étincelants embruns
Je respire une nuit qui m'inspire un poème bédouin
Qui fait du ciel noir une tente
Abritant les torches et l'or
Tout un butin d'incandescence

Plus là que seul
S'élève le ciel du désir

J'étais dans l'eau jusqu'à la taille
La rivière était tiède
J'y marchais plus que lent
Soleil au front
Honoré d'herbes hautes
Mes pieds sur les cailloux d'un sentier d'Atlantide
Et chacun de mes pas devenait souvenir
Maintenant je le sais
Et le cri des cigales montait droit au ciel
Encens sonore
Épinettes roussies
L'eau était tiède je vous dis

J'y marche encore

Les secondes scintillent
Les minutes sifflotent
Les heures murmurantes
Laissent filer le temps
Le temps pour leurs beaux yeux
Passe plus lentement
La véranda dérive
Sur l'eau grosse d'avril
S'accroche dans les saules
Pinçant les cordes et les quenouilles
Les heures murmurent
Et prient
Pieds joints sur la rambarde
La tête renversée
Les minutes sifflotent
Les secondes scintillent

L’air frais, le pas léger et la peinture qui lève
J’avance et j’y suis à chaque pas
Dans les copeaux de frissons
L’année qui mue, s’écaille
Rabotée par les vents
Les quatre vents de ma maison
Comme une veste à carreaux
L'automne s'ouvre à moi
L'air frais, le pas léger et la peinture qui lève
Sur tout le paysage

D'abord je me roule dans le paysage
Personne n'en sait rien
Ni des chevreuils que mon cœur attrape au bond
Enfoulardé d'horizon blanc
Emmitouflé sous sa grande peau de bison bleu des Laurentides
Le paysage s'enroule
Aux hiéroglyphes enneigés de mes pneus
J'ai la paix
Le pont se bombe
L'autoroute s'essaie
Rien à faire
C'est mon heure
Puis mes dix minutes à trois voies
Avec au bout Québec
Ville d'attente douce

Petite fleur
En tailleur
Petites fesses
En détresse
Sur ta branche d'organigramme
À califourchon fume un gramme
Il fait congé par ta fenêtre ouverte
Et le soleil met du vent dans tes couettes
«M. Monsieur veuillez donc agréer
L'expression de mes adieux
Les plus inespérés»

Vente de trottoir

Un arbre nu devant le réverbère

Et l'araignée de cils
Tisse la toile iris qui m'immobilise
Enluminé

Le hasard nappe de soleil
La seule table à la fenêtre
Le poète entre et s'assoit là
Il aura le talent d'être heureux

Ciel d'aquarium ville d'après-midi
Les citoyens soucieux vont vaquent l'air absent
Vérifiant leur blindage aux vitrines
L'ordinaire est en ordre
L'espoir a son billet
Tout le reste est prévu
D'un coup le ciel s'effondre
Rince la rue
Les passants dépassés se précipitent aux feuillages jouisseurs
Les cuirs fins paniquent
L'asphalte se laque
Les flaques folles rient
Giguent les gnomes et le cristal des clous
De belles têtes aux chevelures végétales émergent du lagon
Bouffée de mer sur l'avenue Mont-Royal
Par terre toujours les gnomes et le cristal des clous
Je m'enfuis du café je trempe ma chemise
Cachez-vous dans mes bras votre montre a pris l'eau

Le visage était fin
La femme était énorme
La robe interminable
Les fleurs étaient menues
Bourgogne
Les cuisses ouvertes lourdes
On voyait ses orteils aux petits ongles peints
Énorme et les traits fins comme un vent d'éventail
Sur le duvet d'un fruit parfait
Elle était brune à l'ombre
Trônait sur son perron
Avec dans le coin droit de sa vente de trottoir
Un tout petit mari assis

Certains passants le font avec art

Nous croisent singulièrement

Ajoutent à notre espace

L'espace volatil
D'une danse éphémère

En ce qu'elles taisent
En leur laque discrète
Et sans sourire
En cette moue simplement de silence
De déjà savouré
M'immiscer

Bouleversante bouleversée
Toute en cuir de vent d'été
Venue comme la lave à l'eau
Une sorte de secret d'éclore et fracasser
S'attache à chacun de ses pas
Elle descend la rue s'allonge dans mon lit
Me revoici cou d'orignal
À l'aube où la forêt réclame après sa sève

Car celui qui détaille la dentelure des feuilles
L'appétit du lycra et le vent dans la robe
Sa bouche gagne en salive
Rien ne lui file entre les yeux
Ni la beauté du risque
Ni le risque de la beauté

Toute province recèle des zones érogènes
Petits bleds discrets qui s'inventent une mer
Où l'eau l'est à la bouche
Villes inespérées
Ouvrant leurs rêves au voyageur
Station balnéaire déserte et frimassée
Belle comme l'inconnue
Qu'on découvre endormie dans un train
Entré en gare d'être aimée

Fragments de verre poli

Pomme Goûter Rubis
Échasses Danse Soie
Beau le poème du désir
Beau vraiment lorsque dit
À celle qu'il déshabillera
Sarments Braise Pagaie
Écluse Ivoire Joies

Belle et qui le sait et m'aime
Parmi le désir un joyau
Au creuset du songe incessant
Des cristaux d'iris
S'affinent se mêlent seront
Sur ta peau sous ma langue de chat
Le lent dessert de l'alchimiste

Les mains
Lierre volant
Éveillent la demeure aux murs de craie soyeuse
Et la chambre aux quatre ombres
L'oiseau y lévite ailes croisées
Les volets geignent un peu
Les gonds se tordent sous la cambrure des corps
Et par le jour soudain de sa gorge soudaine
L'amoureuse s'enfuit

Tu es ma blonde et ma brume
La peau de mon désir et le cuir de mes ailes
Le présent comme éclos pour toucher ta chaleur

Ma peau semble un sillage
Laissé derrière ta main

Des colliers à ton absence pendent
Un chapeau seul avec une fleur
Beaucoup de choses portent le rouge
Aussi des broderies qui brillent
Des tapis
Rideaux de jute en coton de quenouilles
Mille miroirs à l'affût
Le complot des flacons de fragrance
Un livre là laissé là par ta main
La chienne à tête douce s'ennuie
Les petits papiers jaunes des mille choses à faire

Ma solitude n'est plus ce qu'elle était

Caillou précieux du pays du soleil
Ma besace de chanvre
Amulette de joie
Toi
Éclat de verre brûlant
Foulard sur les cheveux
Tresses yeux dans les yeux
Sexy comme l'horizon
Frôlée de voiles blanches
(Te souviens-tu qu'il vente)
Ta robe faite d'un regard amoureux
Et l'aube est claire et prête à dégainer sa chair
Argile cuivre cuir et couenne ensoleillée

Prise au cocon de la fièvre
Tes yeux comme une eau de miroir
Et le sang affleurant en lueurs sur tes joues
La couette trempée de sueur
Tu fais peur aux microbes tu ne mourras de rien
Nos chiennes rêvent en chœur
L'eau glacée du matin qu'on jette sur les dalles

J'aime cette fille endormie
Dans les replis de la doudou
La Madelon des turlutes
Comme à l'étui son violon
J'aime ce rêve qui fait la moue
Et qui s'objecte d'une bulle
J'aime cette fille apaisée
Seule à dormir ô seulement aimée

Tu sors d'un papier de soie
Les yeux plein ciel de Bethléem
Et me présentes
Ta mort subite et euphorique
Devant une robe trois ans X

En excellente condition
Poupée boudeuse
Aimée et toupet au carré
Bouche véritable
Cœur creuset d'or
Lueur inoxydable au coin de l'œil
Modèle unique
Au sexe chaud et aux seins frais
Vient avec vents tonnerre éclairs naufrage feux d'artifice
Retrouvailles assurées
Piles au lithium et farces non comprises
Ni à vendre ni à échanger
J'annonce que j'ai changé d'idée

Sur l'eau fumante du miroir
Je fais croiser mon vieux trois-mâts
Devant ta porte, ton cul, ta joie

Des bouts de l'île

Dormant sur l'étale la tête sous l'aile
Attendant la vase de basse marée
Trois cent quarante-sept oies blanches
À contre-jour
À la dérive éblouie de cinq heures et demie

Je prends ce grand respir de lumière
Et sur le sable oblique et brun
Qui refait ses calculs
Obstinément
J'écris

D'autres oies se posent
Je noircis ma page
La batture blanchit

Notre bon saint Joseph
Statue d'un bloc de contre-jour
Découpé dans l'azur le fleuve et Saint-Vallier
Avec beaucoup d'indulgence pour son auréole ampoulée
Notre bon saint Joseph ouvre de ses deux bras
La place de Saint-Jean-de-l'Île

Le curé a paqueté son pain sec est parti
Loin de sa véranda
Où prendre le soleil le frais et le café
À petites gorgées toutes gorgées de fleuve
Le presbytère fleure bon le pain et la brioche
En face l'église est restée
Humble mesure du ciel
Et le jour reviendra du cœur qu'on porte en terre
Et le curé aussi
Son pain rassis
Et on prendra le frais le soleil le whisky
Avec le boulanger
Devant le cimetière
Giflés par tant d'azur

L'île s'avance dans la mer
De tout petits orteils sur ses tarses de pierre
La marée monte et les oiseaux
Il y a des gens très calmes qu'un enfant garde fous
Le silence est écho
Au cadran de l'horloge
Le reflet de la fête
D'être là rien que là sous un ciel bas de brume

Un caillou fait six bonds
Une roche fait plouf
Un bébé perd sa couche

Les dernières chaleurs se sont jetées à l'eau
Moi aussi
Le ciel est de plus en plus haut
Tout en argenterie et vaisselle de noces
Du fleuve jusqu'au cou
Deux grosses minutes à pleins joyaux
Je rayonne de sang après je sors de l'eau
Toujours né en septembre

Débâcle est un mot bleu et blanc
Les montagnes s'y mirent
Sur l'eau neuve des fontes
Le cri des oies nettoie notre air
En bas le fleuve suce ses derniers glaçons
L'azur irrigue jusqu'aux veines
L'anse tantôt pointe son plus beau vert

Après le grand bingo mohawk des constellations
L'ébriété des oiseaux d'aube
Et un jam de pics flamboyants
Dans cet abattis devenu lazaret
Mille talles de salsa sans pareille
Et toute chose côté bourgeon
Dessous l'aile terrible plus haute que l'ombre
Au-dessus des racines croquant le rocher
Salivant de mousse

Des griffes des dents
Comme des coquetteries d'humus
Des os à moelle déjà toute savourée
Des noix hérissant leurs ailes de coléoptère

Et pas une seule morille au sous-bois satisfait

Nous vivons tous sur une île
Aux rives léchées par la mort
Nous montons des bateaux inutiles
À même les arbres qui nous protègent
Et trouvons le moyen d'adorer
Autre chose que l'eau douce

Une infusion de mûres
Des monts à l'exacto
Derrière le soleil s'enfonce
Dans des vallées si creuses
Que le phosphore de son sommeil illumine soudain la surface de l'eau

Le soir vient de tomber
Le fleuve de s'allumer

C'est une heure si précieuse
Qu'elle se compte en secondes

Et qu'on craint d'en manquer

Madeleines d'été

Épinettes à plat ventre agrippant le cap rouge
Des frissons frangés blancs foisonnent inlassables
Entre les deux le sable
Celui des sabliers anciens
Le beau sable affranchi
Celui des promenades
Vagues d’herbes fragiles
Cages à homards en piles
Chaque maison de bois accouche d’un bateau
Débusque un arc-en-ciel
Et des enfants trop blonds enfouissent les noix de l'orage
Le monde de la place
Crésus du temps qui passe
Sont du monde jaseux
Et prompts à dévisser le goulot du soleil

Un vent angora
Le poil long de même et chaud
Dieu qui pisse en riant dans ma bière
Une mer à grand-franges chante *Fire Woman*
L'ombrage est au piano
Avec sa partition d'hirondelles on-the-go

La vie a le droit d'être belle
Et c'est presque un devoir
Quand des pays entiers ressemblent à des urgences débordées

Une baie brumeuse aux crans d'ambre gris
Une maison lanterne et deux chaises dehors
Sur quelques rangs de planches

Chaque tête de clou trouve un point de rosée
Et la luciole au bout du joint
Nous voici porto disparus
Dans un capteur de rêves en fils de chanvre indien

Cap Véranda

Un soir d'octobre
Tiède comme une haleine
Un soir d'octobre à la lune avalée
Un soir d'octobre où deux grillons sans gêne
Espèrent encore
Un soir poudré comme une prune
Un soir à la brume stellaire
Aux étoiles en gelée

Mes chiens mes pas et moi
Arpentions l'ombre longue
En forme de chemin
Fredonnant l'air de rien

Il y a des jours errants
Beaux comme des dieux qui ne nous veulent rien
Des jours d'amitié lente où les rêveurs se baignent
Des jours d'automne en sauce dans un fumet d'été
Des jours des jours où l'on ne fait que vivre
Des jours errants où le temps se repose

Début décembre
Nuit crayeuse
Un chêne en verre taillé expose ses étoiles
Au silence de mort
Dont craque l'anse jusqu'au cap

Au coin du feu
Au beau milieu de tout
Accoudé au silence
Encanté dans l'oubli
J'épingle à cette latte
Une autre rêverie

Cela me fait une fort jolie jambe

Délicatesse d'être ensemble
Seul à seule
Nos heures embouvetées
Je ravive la braise
Toi tu dors à l'étage
Sous la couette et les bardeaux
Léchés par la chatte des faîtes
D'aucuns crieraient c'est sûr aux aurores boréales
Moi j'écris presque rien
Sentez juste sa langue
Rugueuse petite ici sur mes jointures
Toi tu dors à l'étage
L'autre peut ronronner
Notre grillon est un silence apprivoisé

La coupe claire et pure
S'emplit d'une eau limpide
Et la fenêtre nette
Trompette sa lumière
La lumière est dans l'eau
Et l'eau dans le regard
Vitre et cristal trinquent
Et toi et moi et nous
Il ne faut rien de plus

Faste est l'instant

Des arbres qui implorent
La neige de tomber
La terre durcit
Sous des pommes gelées
Leur parfum qui s'étend au bout de mon couteau
Sur du pain chaud
À l'angle du soleil
Dans le reflet doré de la pendule

Au déjeuner

La neige neuve au sol la nuit sous un ciel bas
On dirait du silence

La lune à moins vingt-cinq
Son pinceau noir trempé au revers des bouleaux
Peint sur la croûte phosphorescente des pendants
L'érablière sans salive
Muette et même heureuse
D'être habitée d'amour naissant
(trop occupé d'être en hiver pour penser qu'il a frette aux pieds)

Son cou de fumée frêle défi
Plumage de planches ailes de bardeaux
Engoncée dans la neige
Sur sa couvée d'espoirs et de démons
Notre maison

Assidu au geste de voir
Lent de cœur
Offert à l'abattis des vents
Tête de tuf totem branchu
Une main toute en doigts légère repousse l'herbe
Et l'autre toute en poing sur le manche de pioche

Pèlerin d'être là

L'apprentissage du paradis se fonde sur deux mots:
Attention et confiance

Un soleil tout en jointures
Brûle mon linge sur mon dos
Des lacs entiers de neige fondue
Des pelles à neige des bêches à dents
Les chiennes retrouvent vieilles balles et vieux os
Le dos narfé comme la couenne
Les ongles noirs du chat en deuil
Les genoux dans la terre
Encore une secousse
C'est un beau jour de mai
Un beau vent pour suer
Encore une secousse
De la terre dans la bouche
Notre jardin est encore loin

Cependant qu'affaissés dans des tas d'herbe sèche
Longuement râtelée
Les chiens méditatifs flairent les heures
Sans les nommer

Respirer la clarté
Debout sur une échelle à l'échelle des frênes
Au grand vent et au sciotte
Chasser la sève vers les têtes
Et redescendre au sol jonché
Demain brûler cette ombre et s'amender des cendres
Et l'humus affiné sera l'hôte et l'autel
Du plus humble des cultes

Fenil

Les saules pleurent de joie
Faudrait pas l’oublier

L'élégance un peu désinvolte
Des fleurs d'amélanchier
Le rameau fin comme son suc
Timide mais curieux de voir hors des forêts
Avec sous les gants de dentelle de mai
La chair déjà pourpre noire du mois d'août

Cuites par le soleil
Les urnes à prières
Petits crânes mystiques
(On dit des haricots)
Dont la tonsure chante
À la lune montante
Aux pluies grasses de juin
Reprennent leur louange :
Encore encore et trop

Loin de la botanique
Benoîte des ruisseaux m'a découvert un soir
Éperdu de beauté d'être là devant elle
Presque trop tard
L'ombre montait du sol
Les couleurs s'enfonçaient
La découpe des feuilles devint vite inexacte
Les ramures se fondaient en un seul épiderme
Rapidement parcouru d'un frisson fait de gouttes
Qui me retenait là
Loin de la botanique
Mais tout près du ruisseau

Hauts et légers les pins
Debout et lourds de sève
L'horizon large s'ouvre
Sur le sable en avril d'une mer intérieure
Devant deux heureux hébétés
Hors du terrier de leurs pensées

Je connais des feuillages dont la lumière s'égoutte
Et c'est la poésie

Bestiaire du troisième type

Queue rousse avant le crépuscule
Le pas félin pattes presque d'oiseau
L'horizon vaporise un tout dernier soleil
Accroche des cils à ses poils
C'est un renard
Un chat à queue de plumes
On n'est pas trop sûrs
Ce soir on partage nos parages
En silence
Sans s'enfarger

Enjambe le reflet de son pas
Enjambe sur l'eau l'ombre
De soi faisant son pas
Comme on peindrait la mort
Un jour de fleuve gris
Le grand héron bleu pose

Sa silhouette son vol son silence
Me font de l'horizon
Passe un chamois sur l'os de mon front

Les arbres aux ongles souples
La buse en courant d'air
Vole sous leur caresse
Avec entre ses serres
Un si petit corps tiède qui ne sait plus
S'il est la mort ou la vie

Ces oiseaux monochromes ont la couleur de leurs battements d'ailes
Bougent même immobiles
Même aux aguets sur une branche
Leurs plumes composent une mouvance

Les griffes enfouies
La chatte vendange
Le lait des caresses
Gicle de l'on s'aime
Elle trait en baîllant des vaches de laine

Une bête de fonte molle
T'offre un long temps de doux ennui
La tête à la renverse
Couchée dans l'escalier
Touche au duvet des flammes
Vois ma paume étincelle
Mais c'est toi qui ronronnes

Une autre bûche et ce sera lundi

Assise sur nos factures
En son poil chamarré
Boude la chatte
Le dos tourné
À la maison fébrile
Dévisage le vent
Qui va nous emporter
Jaunit la vitre
Bientôt cristal d'absence

Dans le pupitre

Des mots d'anniversaire au comptoir des échanges
Pour l'ordinaire
Des phrases de formica
Vite nettoyées
Pour les grands soirs
Un alphabet de fumées et d'orage
Sur les tablettes
Des conserves d'idées
Les cinq façons voyelles de tomber
Les crochets les crampons
Cordes piolets consonnes
Des verbes à pleins poumons
Des litchis
Des mots de toute essence

Peu de chose : le langage

Le mot illusion
Avec ses gratte-ciel de cire
Ville candélabrée
À la sueur luciole
Aux astres en rangées
Avec son grand manchon fourré d'hermine
Et ses mains jointes plastifiées

Le mot guitare
Avec ses affres d'ongles
Et ses forêts de bambous qui balancent
Ses résineuses imprécations
Son corps tout tendu vers sa gorge
Riant comme l'on danse
Cette épée de plaisir au ventre de l'ampli
Cette chaudière où pleut le pauvre temps
Les gouttes sourdent
Papillotes et clous
Et parfois même elle parle

Par la fenêtre mauve
Les veines où le sang jouit
Par la fenêtre noire
Un poivre de pupilles
Par la fenêtre orange
Sa peau d'huile d'amande
Par la fenêtre jaune
Un citron mamelu
Par la fenêtre rouge
Les grades du carouge
Par la fenêtre ouverte
Une bruine chartreuse
Par la fenêtre bleue
Un ciel d'émeus turquoise et d'émaux portugais

Qu'êtes-vous madame
De mieux qu'un iguane
Seul(e) et nu(e)
Fougère quadrupède
Suçant le soleil

Qu'avez-vous monsieur
De plus qu'une olive
À dire
Âcre et accueillante
Dans son petit cuir

Que fais-tu poète
D'autre qu'un enfant
Avec ton crayon
Qui suit un ruisseau
En le remontant

J'ai ouvert largement les portes de ma voix
Et le plus beau de mes chevaux
A traversé la foule de son parfum puissant
D'écurie de ruades
D'urine et de saillies
Son manteau de grand vent
Se brode de leurs souffles
Et les emporte ailleurs

Épître d'un gars stone au genre humain
Frères
J'étais couché sur du sable
Ce n'est quand même pas rien
Le ciel était pur, infini, c'est-à-dire
Plus large que le regard
Et plus profond que l'esprit
J'en ressentais le relief lumineux
Je caressais dieu
Chaque étoile était un vœu de vivre
Chaque seconde, exaucé

Un cercle de pierres
Mouillées d'herbe d'aube
La bûche noircie
La braise au fusain
La douceur des cendres
Ici chanta Nougaro

Ce peu de chair
Ces quelques membres
L'os la cendre
Le cartilage
Ce va-et-vient de bois d'épave
Tout immobilisé d'un sursaut de conscience

Mais l'eau sait-elle ce qu'elle contient

Écrire est tremblement
Qui veut devenir danse
Écrire et crier dans son sang
Graver dans sa propre écorce
Par en dedans
Écrire
Forceps pour s'extirper du temps
Écrire et puis dormir
Après une bonne saignée
Le grand corps blanc du rêve
Rétablit sa lumière
Suture au point perdu
Écrire

Un écolier distrait s'applique
À calquer sur la vitre
Les nuages émouvants
Qui pleuvront ses rêves là-bas

Là-bas sur les forêts dangereuses et profondes

Coffre à prunelles

Petites mains tout anémones
S’émeuvent si lentes dans l’onde du lait
Puis deux bras de chiffon
Comme des ailes d’ange à l’instant d’abandon
Prune de lune est dans la brume

Droit comme un i sur la commode
Un biberon vide pour vigie

Étamines et pistils
Au ralenti d'éclore
Ses dix doigts déboutonnent
Des secondes de soie

Lumineuse douceur de sa petite paume
À peine ô joie plus grande
Que le bout de mon doigt qui caresse et console
L'enfui des mauvais rêves
En ses doudounes de pénombre

Dix kilos de sommeil
Dans le coton la laine
Ce corps d'un compact duvet
Humecté de lait tiède
Au seuil endormi du bonheur
Penché sur la couchette
Je vois son silencieux respir
Qui couvre le bruit des sarcasmes

L'emballage défait
Les cheveux qui brillent
Le chou renversé
Un enfant s'endort sur moi
Souvenir d'une parfaite fête

Qui dira la solitude du petit garçon
Qui pleure honteux de sa peine

Son air boudeur entre les avirons
Son ver boudé sous la chaloupe

Puis l'éclair de chaleur
L'arc-en-ciel long comme ça
Quatorze pouces quatorze pouces
Et voici Jonas libéré

Les orteils dans les brins de matin accroupi
Ma paume s'emplit de groseilles
Un enfant fait sa cueillette
La bouche ouverte dans ma main
Le ventre au vent le poème à l'air
Son pascal épiderme tout en peau de paupières

L'encre est humide sur le timbre
L'enveloppe décachetée
D'un souffle
Ta voix crée un sous-bois aux monnaies de lumière
Un lièvre y tend l'oreille
Moi l'arc des sourcils

Ta voix est dans mon cœur
Comme un oiseau chez lui

Le compositeur

YANNICK PLAMONDON est reconnu comme l'un des jeunes compositeurs québécois les plus doués de sa génération. Depuis 1996, ses œuvres sont jouées au Canada et à l'étranger par des formations aussi réputées que le Nouvel Ensemble Moderne, l'Ensemble Contemporain de Montréal, la SMCQ, l'Orchestre symphonique de Québec, l'ensemble Kore, le Toronto New Music Concerts, l'ensemble Continuum, l'Esprit Orchestra, l'Ensemble de nouvelle musique Kiev, le Pittsburgh NME, le Netherland Radio Kammerorchestre et Klangforum Wien, pour n'en nommer que quelques-unes.

Il remporte, en 2002, le prestigieux Prix Jules-Léger de la nouvelle musique de chambre, décerné par le Conseil des Arts du Canada, et est lauréat du Concours national des jeunes compositeurs de Radio-Canada en 1999. En 1998, il reçoit le Prix du Forum 1998 du Nouvel Ensemble Moderne. Lui a aussi été décerné, en 1995, le Prix de la musique orchestrale du Centre national des Arts.

© Émilie Lessard

L'auteur

Faire connaître l'œuvre des grands poètes, marier l'art poétique à l'art théâtral, voilà la tâche à laquelle s'est dédié **CHRISTIAN VÉZINA** depuis vingt-cinq ans. Le *Dictionnaire des artistes du théâtre québécois* dit de lui « qu'il sait inscrire la poésie dans l'espace scénique comme nul autre ». Qu'il soit sur les planches d'un prestigieux théâtre ou dans l'auditorium d'un cégep, Vézina s'adonne toujours à son métier de passeur de trésors avec la même exigence et la même passion.

Dramaturge, directeur artistique du Théâtre Barbare, lauréat du prix de l'Institut canadien de Québec et du Prix Albert Millaire soulignant l'excellence de son travail en arts de la scène, Christian Vézina est aussi poète… *L'inventaire des miracles* est son troisième recueil. Actuellement maître d'œuvre d'une importante série de spectacles littéraires multimédia pour la Grande Bibliothèque du Québec, il travaille parallèlement à l'écriture de son quatrième recueil qui sera, bien sûr, aux antipodes de celui-ci : Christian Vézina n'aime la littérature que s'il s'agit d'une aventure. Vous pouvez le contacter au moyen de son site www.christianvezina.net.

Remerciements

En donnant ce titre à mon recueil, je ne savais pas qu'un autre miracle allait se produire: celui de la généreuse fraternité qui nous a permis de faire le CD qui l'accompagne... avec moins que rien et plus que tout. Alors...

À Kim, l'invincible colibri, à la gracieuse Janine Sutto, à l'intense Johanne-Marie Tremblay, à la Christine au long cours, à Sophie Cadieux, la tireuse d'élite, à ma très chère Maude, au jovial carcajou de Magog, à ce sorcier de Sabourin, au grand seigneur tout honneur Lalonde, à l'orme de la Mancha, à Jean Soucy, mon ami, à l'auberge du cœur de la rue Casgrain, aux complices de Planète rebelle, au Conservatoire de musique de Québec et à son directeur, Carol Lemieux, à Yannick Plamondon qui a remonté chacun de mes sentiers démêlant le vent des feuillages et plaçant les pierres au ruisseau, à Ghislain, Inti, Annie, Dominic, son quatuor mousquetaire, et à leurs cordes d'abondance, merci.

Merci aux prunelles de mes yeux: à mon grand garçon, à ma petite fille, à toi...

Christian Vézina

Sur le CD, les plages suivantes sont interprétées par:

1. Saint Joseph – diseur: Marcel Sabourin
2. Des jours errants – diseurs: Christian Vézina / Kim Yaroshevskaya
3. Iguane, olive, enfant – diseuse: Sophie Cadieux
4. Bestiaire – diseurs: Christian Vézina / Michel Garneau
5. Détails – diseur: Vézina
6. Parmi le désir – diseurs: Christian Vézina / Janine Sutto
7. Fenêtres – diseurs: Christian Vézina, Johanne-Marie Tremblay, Christine Germain, Jean Maheu, Marcel Sabourin, Sophie Cadieux, Robert Lalonde, Janine Sutto, Maude Guérin
8. Poupée – diseur: Christian Vézina
9. Des bouts de l'île – diseurs: Christian Vézina / Robert Lalonde
10. Trois cent quarante-sept – diseur: Christian Vézina
11. Un tout petit mari – diseur: Marcel Sabourin
12. Cou d'orignal – diseur: Christian Vézina
13. Quatre temps – diseurs: Christian Vézina / Michel Garneau / Jean Maheu / Christine Germain
14. Ciel d'aquarium – diseur: Robert Lalonde
15. Madeleines d'été – diseurs: Christian Vézina / Johanne-Marie Tremblay
16. Litchis – diseur: Christian Vézina
17. Un écolier distrait – diseuse: Maude Guérin
18. Coffre à prunelles – diseurs: Christian Vézina / Janine Sutto / Kim Yaroshevskaya / Maude Guérin / Sophie Cadieux

Autres recueils de poésie publiés chez Planète rebelle

Une île près de l'œil, Agnès Riverin, 2009.
Lever du jour sur Kinshasa, Hélène Matte, 2008.
L'emportement suivi de Plaisirs, le film, Yannick B. Gélinas, 2004.
Conte-moi un poème, ouvrage collectif sous la direction des Filles électriques, 2004.
Journal Territoire. Bestiaire à têtes de femme, Christine Germain, 2004.
La Suite mongole, D. Kimm, 2001.
Mordre, suivi de Parenthèse, Yannick B. Gélinas, 2000.
Exploding Head Man, Ian Ferrier, 2000.
Octave Grognard. Détective, Yves Lavoie, 2000.
Doux comme dans fauve, Christian Vézina, 2000.
Textes de la soif. Monologues à voix haute, Christine Germain, 1999.
La Vache enragée, anthologie n° 2, collectif, 1998.

Collection « Hôtel Central »

Élégie nocturne, Jean-Paul Daoust, musiques de Manu Trudel, 2008.
Mi amor mis à mort, Anick Arsenault et Martin Pouliot, musiques de Jonathan Bélanger et Steve Hamel, 2007.
Personne ne sait que je t'aime, José Acquelin et Martine Audet, musiques de Michel F. Côté, 2006.

100%

Achevé d'imprimer
en septembre 2009 sur les presses de
Transcontinental Métrolitho

Imprimé au Canada — Printed in Canada